DE L'INVASION

DES DÉPUTÉS

DANS L'ADMINISTRATION

ET PARTICULIÈREMENT

DANS LA NOMINATION AUX EMPLOIS PUBLICS,

Par Emile RENARD.

A PARIS,

AU COMPTOIR DES IMPRIMEURS UNIS.,

QUAI MALAQUAIS, N° 15.

—

1844

1843

Imprimerie de PAUL DUPONT et Cie,
Hôtel des Fermes, à Paris.

Frappé depuis longtemps des inconvénients de toute nature résultant de l'empiètement occulte et progressif des députés sur l'action de l'autorité administrative, j'avais réuni quelques notes à ce sujet et même rédigé en partie cet écrit, mais sans être résolu encore à le rendre public. D'une part, je craignais de m'être exagéré la gravité du mal, et, de l'autre, je ne voyais pas qu'on en fût assez préoccupé pour y chercher sérieusement un remède. Mais j'ai lu la noble et courageuse déclaration de M. de Gasparin, que la plupart des journaux viennent de publier, et j'ai dû, plus que personne, m'associer à sa pensée lorsqu'il signale le danger comme « le plus redoutable de ceux qui menacent nos institutions. » L'honorable député fait, de plus, à ce sujet, un appel à l'opinion des Chambres et du dehors. Je n'hésite pas, pour mon compte, à y répondre autant qu'il dépend de moi.

DE L'INVASION

DES DÉPUTÉS

DANS L'ADMINISTRATION

ET PARTICULIÈREMENT

DANS LA NOMINATION AUX EMPLOIS PUBLICS.

***

Peu de personnes sans doute se rappellent aujourd'hui que M. Remilly, auteur de la fameuse proposition qui depuis a été reproduite avec diverses modifications, y avait d'abord ajouté, comme complément de la réforme proposée, un article ainsi conçu :

« Les membres de la Chambre des députés ne peuvent
« accorder de recommandations dans des intérêts privés,
« personnels et de localité. »

Mais cette dernière disposition n'obtint pas à la Chambre, il s'en faut, le succès de la première. Les uns qui doivent au règne de l'apostille tant d'influences locales, gage assuré de leurs réélections à venir, eussent craint, en conspirant contre elle, de faire à la fois acte d'ingratitude et d'imprévoyance. Les autres, sans méconnaître la gravité du mal auquel l'honorable membre tentait de remédier, ne voyaient à la défense formulée par cet article, aucune sanction, aucune autre du moins que celle qu'elle pouvait trouver dans la conscience de chacun de nos représentants; et, à ce point de vue en effet, la disposition proposée pouvait paraître tout d'abord d'une naïveté, d'une bonhomie appartenant à un autre âge. N'ayant donc à opposer à l'hostilité des uns et aux moqueries des autres que d'honnêtes mais tièdes sympathies, cette partie de la proposition ne fut pas jugée viable, si bien que son auteur, devançant même l'épreuve de la discussion des bureaux, *l'enterra* sans bruit et de ses propres mains, sans attendre que M. Jaubert vînt aussi en conduire le deuil.

Et pourtant, ne serait-ce pas le cas d'invoquer ici avec un autre ancien ministre la célèbre formule : « Il y a quelque chose à faire? »

A parler sérieusement, le mal est grave, profond et tend chaque jour à faire de nouveaux progrès.

Dans les premiers temps de la révolution de Juillet, alors que le pouvoir nouveau lançant la foudre vengeresse dans tous les rangs de l'administration et de la magistrature, y faisait des vides qu'il fallait incessamment combler, on conçoit qu'à ses fonctions législatives chaque député dut joindre sa part de pouvoir exécutif. Des places de préfets, de sous-préfets, de procureurs du roi, de juges, devenant tout à coup vacantes, il fallait y pourvoir au plus vite; et, dans la précipitation forcée des choix, qui devait-on, qui pouvait-on consulter, si ce n'était le député, le 221 du pays, véritable temps d'omnipotence parlementaire où l'on peut dire que la Chambre, centre de tous les pouvoirs, régnait, gouvernait, administrait !

Mais un tel état de choses devait-il se prolonger ? N'eût-on pas dû revenir au plutôt aux véritables règles du gouvernement représentatif, et rentrer chacun dans ses attributions, les législateurs légiférer, les ministres administrer ?

On dira que cet abus n'est pas nouveau, que déjà sous la Restauration les députés étaient les intermédiaires obligés de toute pétition, les canaux dispensateurs de toute faveur, de tout emploi. Soyons justes même envers la Restauration; il est douteux qu'à aucune époque l'abus ait été poussé aussi loin qu'aujourd'hui. Remarquons aussi que, dans ce temps de passions politiques, la corruption pouvant emprunter davantage les couleurs de l'esprit de parti, s'y montrait moins à nu. Ajoutons enfin que les majorités de la Restauration, quelque déplorables qu'elles aient été d'ailleurs pour la plupart, avaient du moins cet avantage d'être assez fortes pour n'être pas incessamment contestées; qu'ainsi les ministres plus confiants dans leur avenir, et moins préoccupés que ceux d'aujourd'hui de conquêtes individuelles, demeuraient plus libres dans la sphère de leurs attributions, d'où il suit que cette déviation des principes constitutionnels ne devait pas causer alors de perturbation aussi grave dans l'action du pouvoir administratif.

Quoi qu'il en soit, d'ailleurs, la révolution de Juillet n'a-t-elle pas été faite pour la réforme des abus qu'on reprochait à la Restauration, et pour le dire en passant, car on semble l'avoir oublié, notre Chambre constituante de 1830 n'a t-elle pas, pour élever davantage encore dans l'opinion la représentation nationale, n'a-t-elle pas, dis-je, en révisant la Charte de 1814, supprimé la dénomination de *députés des départements*, voulant dire par là sans doute qu'avant tout ils devaient être députés de la France?

Vues de cette hauteur, les fonctions de député seront assurément les plus belles et les plus nobles auxquelles un homme puisse parvenir, puisqu'à lui seront confiés les plus grands, les plus chers intérêts du pays. Mais si ce mandat du député tend chaque jour davantage à se renfermer dans d'étroites préoccupations de localités et de personnes, il est évident que le caractère qu'y attache la constitution en sera profondément altéré. « Nous ne devons pas être des agents d'affaires, » disait avec raison M. Remilly; et cependant, si l'on faisait une part du temps que le plus grand nombre des députés consacrent aux affaires publiques et une autre de celui qu'ils donnent aux intérêts privés, laquelle l'emporterait? Je n'ose résoudre la question; mais n'est-il pas déjà déplorable qu'elle puisse être posée?

Dans la foule des réflexions graves que fait naître un tel état de choses, une première se présente à l'esprit. Si l'on songe à la multitude des attributions à la fois si importantes et si diverses qu'embrasse le domaine du législateur; si on les considère surtout au point de développement où en sont venues aujourd'hui tant de questions d'organisation sociale qu'autrefois on entrevoyait à peine, on conviendra qu'à aucune époque les fonctions de député n'ont exigé des connaissances plus variées et plus profondes. Or, il a été donné à peu d'hommes de s'y préparer par des études suffisantes. La plupart deviennent députés sans longue préméditation, par circonstance; et d'ailleurs ils ont été absorbés jusque là soit par les études spéciales et l'exercice de leur profession, soit par le soin de leurs affaires et de leur fortune. Il faudrait donc qu'à leur entrée dans cette nouvelle carrière, le travail vînt combler chez eux les lacunes de la science politique et industrielle; il faudrait au moins qu'avant d'être appelés à émettre leur vote sur un projet de loi, ils l'étudiassent avec soin dans les documents qui s'y rattachent. Mais comment en auraient-ils le temps?

Voyons en effet ce qui se passe : Un député est arrivé à Paris, déjà tout chargé de pétitions, et son premier soin doit être de s'en occuper; toutes sont pressantes, il n'y a pas un instant à perdre pour devancer les concurrents qui vont se présenter de toutes parts. Il faut donc qu'à toutes ces démarches il consacre une bonne partie des premières semaines de son séjour à Paris. Mais pendant ce temps la session s'est ouverte, et déjà le député a vu, non sans effroi, s'entasser sur son bureau les exposés de motifs et les rapports des commissions qu'il est obligé de lire depuis qu'on ne les lit plus à la tribune; sur ses rayons obérés gît aussi sous la forme d'épais in-quarto le budget qu'on vient de distribuer, sans parler d'autres lois financières dont les résultats sont soumis chaque année aux investigations des honorables membres; car il n'est guère aujourd'hui de projets de cette nature qui ne se terminent à peu près en ces termes : *Il sera rendu compte aux chambres dans le courant de la prochaine session*, etc. Or, voyez quelle masse de travaux pour le député qui voudrait remplir en conscience sa mission.

Débarrassé de ses premières courses dans les ministères et dans les administrations, il se croit libre enfin pour quelque temps et va se mettre à l'œuvre; mais hélas! il n'est pas levé encore que déjà sa sonnette retentit : s'il a

quitté les pétitionnaires , les pétitionnaires ne le quittent
pas ; déjà ils l'ont rejoint à Paris et ils l'entourent, le pres-
sent de toutes parts. Non content d'une apostille ordinaire,
celui-ci la voudra longuement motivée ; celui-là, plus exi-
geant encore parce qu'il est ou qu'il se croit électeur in-
fluent , voudra que *son* député le présente lui-même au
ministre ou tout au moins au secrétaire-général ; puis ces
demandes formées, appuyées , il faudra les suivre dans ce
qu'on veut bien appeler le *travail des bureaux*, et de là au
moment où paraît enfin l'ordonnance , combien d'incidents, de péripéties, peuvent encore se produire, et partant
autant de visites nouvelles à l'honorable de la part de ses
protégés!

Ainsi les matinées du député se passent en audiences.
Enfin l'heure de la séance approche, il a pu s'échapper...
mais va-t-il de suite à la chambre? Impossible : il a reçu avis
le jour même que les présentations pour la place de procu-
reur du roi au tribunal de *** venaient d'arriver, et le moment est venu d'agir vivement en faveur du candidat qu'il
appuie. Il va donc tout d'abord au ministère de la justice.
Mais de là aux finances il n'y a qu'un pas, et quel député
n'a pas à y suivre plus ou moins de demandes de bureaux
de poste, de timbre, de tabac, etc. Puis de là traversant les
ponts, on le voit entrer à l'Intérieur où il serre de près son
sous-préfet dont la tiédeur, sinon l'hostilité a failli compro-
mettre son élection ; en le faisant remplacer par un de ses
partisans les plus dévoués, il ferait d'une pierre deux coups
et se consoliderait pour longtemps dans l'arrondissement.
Et à l'Instruction publique que demande-t-il encore ? Peu
de chose, une bourse entière, deux moitiés, trois quarts, etc.
Et au Commerce, aux Travaux publics, n'a-t-il pas aussi

quelques instances pendantes? Outre les places à demander, tout ne rentre-t-il pas dans le domaine de nos représentants : concessions de travaux, de fournitures, secours, indemnités, brevets, médailles, croix d'honneur, etc.? Ainsi, comme l'avocat, le député a ce qu'il appelle ses *affaires*, avec cette différence toutefois qu'il n'y a à Paris qu'un Palais de justice avec sept ou huit chambres, tandis qu'il y a neuf ministères composés chacun, qui sait de combien de bureaux ?

Or, on conçoit qu'après tant de courses et de stations, le député n'arrivera que tard à la séance où il apprend que déjà des votes importants ont eu lieu ; mais, ce qu'il regrette davantage, c'est de n'entendre que la fin du beau discours de M. Guizot ou de M. de Lamartine. Et ce discours terminé, dès que l'attention de l'assemblée n'est plus captivée au même degré par les orateurs qui viennent après, non-seulement vous entendez le bruit des conversations qui s'engagent entre voisins, mais vous voyez les députés aller et venir d'un banc à l'autre. Est-ce pour s'entretenir de la question qui s'agite et pour se communiquer leurs impressions ? Nullement : les sollicitations font encore le plus souvent les frais de tous ces colloques. Ce député qui a quitté sa place pour aller s'asseoir près d'un lointain collègue, va tout simplement lui communiquer une pétition, en le priant de joindre son apostille à celle qu'il vient d'y apposer lui-même, et cela, bien entendu, à charge de revanche, car celui-ci enchanté de l'occasion ne tarde pas à en tirer aussi une de sa poche en priant son collègue de lui rendre le même service. Et cet autre que vous voyez penché sur son papier y promener sa plume avec tant d'ardeur, vous croyez qu'il prend des notes sur le discours qu'on prononce à la tribune, et qu'il va demander la parole pour y répondre; il n'y songe pas le moins du monde, il fait son courrier. Tous les solliciteurs ne peuvent être à Paris, et gare au député qui négligerait les absents, car s'ils avaient tort, ils pourraient bien se faire raison aux élections prochaines.

Mais c'est surtout à la fin des sessions que se font sentir les inconvénients de cet état de choses. Si chaque député est pressé de retourner dans son arrondissement, il ne l'est pas moins de faire quelque chose qui soit agréable à ses commettants, et il ne veut pas quitter Paris sans avoir *coulé à fond* beaucoup d'affaires arriérées dont il devra compte à son retour. Dès lors ses excursions dans les bureaux prendront encore plus de temps à ses fonctions législatives; il viendra tard à la Chambre et la quittera de bonne heure; ou mieux encore, il n'y viendra pas du tout. Mais qu'arrive-t-il ? c'est qu'avec toutes ces absences jointes à celles que justifient les *congés* déjà donnés et qui à cette époque équivalent aux *passe-ports*, il se trouve que la Chambre est rarement en nombre, et que des scrutins nuls sont à recommencer le lendemain. Ainsi les sessions se prolongent, et tant s'en faut que les lois en soient mieux examinées, discutées, approfondies.

Mais ce temps perdu pour les affaires législatives profitera-t-il du moins à l'administration ? Cette intervention si active des députés dans la distribution des places aura-t-elle du moins cet avantage de mieux éclairer les ministres sur les titres des candidats entre lesquels ils ont à prononcer, de préparer enfin de meilleurs choix ? Il paraîtrait d'abord assez raisonnable de le supposer; il semble que chacun des candidats ayant pour protecteurs et patrons un ou plusieurs députés, leurs titres seront d'autant mieux débattus et pesés ; mais qui ne sait que malheureusement les choses ne se passent pas ainsi ! Celui-ci aura plus de titres, mais celui-là aura pour lui de plus fortes influences, et alors la question se complique : je dirais presque qu'elle devient parlementaire, car de ce moment l'intérêt de la lutte semble se porter moins sur les protégés que sur les protecteurs qu'on voit en présence. Pour ceux-ci c'est une affaire d'honneur ; à leurs yeux la victoire ou la défaite donnera dans le pays la mesure de l'influence dont ils jouissent à la Chambre et par suite près du ministère. Malheur donc au candidat qui, avec les titres les meilleurs, n'aura pas pour lui le député dont le nom pèse le plus dans la balance représentative ; la main du ministre se dessècherait en le nommant ; il croirait signer sa démission. Un autre n'aura eu que le tort de se présenter trop tard alors que déjà des engagements étaient pris. Bien plus, il suffira quelquefois qu'il ait contre lui un seul des membres de la députation du département pour qu'il ne puisse compter sur l'appui d'aucun autre. Entre collègues aussi proches, on se doit des égards et l'on ne voudra pas contrarier celui qui a pris l'initiative d'une demande. Tout ce qu'alors les autres pourront vous promettre, au plus, au plus, ce sera ce qu'ils appellent leur *neutralité;* nouveau genre d'assurance mutuelle dont sera victime encore le malencontreux candidat.

Peut-on s'étonner ensuite que de toutes ces déviations de l'ordre naturel des choses ne sortent de ces choix malheureux qui surprennent, affligent le pays, et portent dans l'âme de celui dont on a foulé aux pieds les titres, le découragement et le dégoût? Aussi a-t-on vu quelquefois, et particulièrement dans la magistrature, d'éclatantes démissions protester contre ce mépris des règles d'un légitime avancement.

Plus tard, on voudra peut-être réparer l'injustice faite, mais ce sera par une autre : ainsi tel qui n'a pu obtenir une place de président de tribunal, à laquelle il avait les titres les mieux fondés, passera ensuite d'emblée conseiller dans quelque cour éloignée. Mais, si d'un côté on apaise de justes mécontentements, de l'autre on soulève de nouvelles plaintes. De cela même qu'on n'avait pas fait assez pour un candidat, il suit qu'après on fait trop.

Mais, si on envisage ensuite cet état de choses au point de vue constitutionnel, on ne sera pas moins frappé de ce qu'il a de contraire aux règles les plus essentielles de tout gouvernement et aux dispositions formelles de la Charte. Si la Charte, en effet, confère exclusivement au Roi, agissant par ses ministres, le droit de nommer aux emplois publics, elle entend apparemment que les ministres feront librement les choix dont ils sont responsables. Et qu'on ne dise pas que la responsabilité est ici un vain mot : si les choix sont mauvais, l'impression fâcheuse qui en résulte retombe sur les ministres, sur le pouvoir en général, enfin sur le gouvernement. Ainsi partout s'accrédite cette opinion malheureusement trop justifiée par les faits, que le plus souvent les places se donnent à l'intrigue, aux exigences politiques plutôt qu'à l'aptitude et au mérite. Eh ! mon Dieu ! les ministres eux-mêmes s'en défendront peu. Cette nomination que vous leur reprochez, ces entreprises, ces commandes, ces secours que vous les accusez d'avoir accordés à la faveur, ils ne chercheront pas toujours à les justifier, mais ils vous diront qu'ils ont eu la main forcée. Entendez ensuite leurs agents, chefs de divisions, chefs de bureaux et employés quelconques, car il en est peu auxquels les députés ne daignent faire leur cour, il n'en est pas un qui ne déplore hautement cette invasion de la politique dans leurs bureaux, témoins qu'ils sont trop souvent des actes d'injustice et de mauvaise administration qu'elle entraîne après elle.

Mais ce qu'il y a ici de non moins grave, c'est la déconsidération qui en résulte pour les députés eux-mêmes. Arrivant à la Chambre chargés de promesses à tenir, d'engagements à acquitter, on se demande comment ils conserveront leur indépendance; car, si le candidat s'est ainsi emparé de l'électeur, le ministre tient à son tour le député. Et de là vient surtout cette qualification de *ministériels* donnée aux membres de la Chambre qui soutiennent la politique du gouvernement. Ce n'est pas, sans doute, qu'en cela ils ne suivent le plus souvent l'impulsion de leur conscience; mais, naturellement, on croit moins à la sincérité d'un vote, lorsqu'on peut en voir la récompense dans les faveurs du pouvoir. Ainsi se trouve dépopularisée la politique même la plus sage. Le contact intéressé du pouvoir la fait descendre, dans l'opinion, des hauteurs d'une grande pensée de bien public à d'étroites considérations locales et individuelles.

Le mal a dû être plus d'une fois signalé par la presse, mais il l'a été aussi à la tribune des deux Chambres. Ainsi je rappellerai les paroles graves que prononçait à la Chambre des députés, il y a déjà quelques années (1), M. Corne,

____

(1) Séance du 11 avril 1839.

rapporteur d'une élection contestée : « Votre bureau,
« disait l'honorable membre, déplore l'intervention de plus
« en plus active des députés, quelquefois des hauts fonc-
« tionnaires eux-mêmes dans la dispensation des secours et
« des faveurs de tout genre. Il la déplore comme un obstacle
« à l'action régulière et juste du pouvoir administratif,
« et comme un grave échec à la dignité de la représenta-
« tion nationale et à la sincérité de nos institutions. »

Quant à la Chambre des pairs, il n'est pas douteux que
les sollicitations n'y soient beaucoup moins fréquentes et
moins actives. Placée par son organisation en dehors du
corps électoral, cette Chambre n'a point à en subir les
exigences, et, comme aussi les prétentions individuelles s'y
agitent moins, il est certain que les lois y sont générale-
ment élaborées et discutées pour elles-mêmes, je veux dire,
en dehors de préoccupations étrangères, ce qui fait bien
aussi à la noble Chambre un genre d'indépendance à elle,
qui n'est même pas, il faut le dire, de trop mauvais aloi.
Toutefois, elle a pu prendre aussi sa part de la petite
mercuriale prononcée en ces termes, par M. Kératry, dans
sa séance du 8 février 1841 :

« Donner les emplois aux plus dignes, avoir le courage
« de les refuser à la menace et à l'intrigue, s'interdire les
« faveurs devenues trop souvent le prix des votes dans les
« deux Chambres, sorte de simonie qui est une véritable
« profanation de deux choses saintes, le mandat du peuple
« et celui du Roi ; enfin appliquer avec fermeté les lois
« existantes, ni plus ni moins : tel est le remède le mieux
« approprié au mal qui travaille la société. »

Mais cette plaie du gouvernement fut surtout mise à nu
par l'enquête électorale. Ainsi, dans la discussion à laquelle

elle donna lieu, M. Agénor de Gasparin, après s'être
livré à des considérations générales, ajoutait : « Mais le
« mal véritable, où est-il ? Il est dans l'administration des
« départements par les députés (*Voix nombreuses :* Très-
« bien ! très-bien !). Oui, Messieurs, il est scandaleux, il est
« triste, profondément triste, que des questions qui de-
« vraient dépendre des administrations locales, des pré-
« fectures, des sous-préfectures, soient décidées à Paris
« par l'influence des députés !.. Je sais, Messieurs, à quel
« point ce principe s'est introduit dans nos mœurs publi-
« ques, à quel point ce principe vicie et abaisse les rela-
« tions entre les électeurs et les députés, entre les députés
« et le gouvernement ; à quel point il abaisse toute chose
« et toute personne ; cela est vrai, je crois que nous le
« sentons tous (1). »

Ainsi s'exprimait un des organes du parti conservateur.
Écoutons maintenant dans ce même débat deux orateurs
de l'opposition.

M. Marie. « Mais il y a dans le corps électoral une
« autre cause de corruption qu'il faut également signaler.
« Aujourd'hui les électeurs, les candidats aussi bien que le
« gouvernement, sont descendus, de la sphère élevée dans
« laquelle ils étaient placés, dans l'arène des intérêts maté-
« riels ; c'est en quelque sorte une société d'assurance mu-
« tuelle entre le député et l'électeur, société dans laquelle
« l'électeur confère le pouvoir et le crédit, à la condition
« qu'à son tour le député nommé, faisant usage du pou-
« voir et du crédit, rendra à l'électeur les faveurs et les
« places que l'électeur lui a donné le pouvoir d'acquérir
« pour lui (Très-bien ! très-bien !). »

(1) Séance du 5 mai 1843.

M. Mauguin. « Cependant, Messieurs, il y a dans nos
« élections quelque chose qui doit nous affliger. Sous la
« Restauration elles obéissaient purement pour ainsi dire
« à un mouvement politique de part et d'autre ; enfin peu
« importe, l'impulsion était purement et uniquement po-
« litique. Dans les premières années de la révolution de
« 1830 elle a conservé sa pureté... Depuis au contraire un
« certain temps, on peut remarquer que la séduction, soit
« par promesses, soit autrement, commence à agir. La
« corruption par argent se manifeste sur plusieurs points.
« J'en parlerais moins si je ne savais que si la morale la
« repousse, si le sentiment national en fait un crime, si la
« dignité française est humiliée pour ainsi dire de cette
« idée de corruption par argent, il y a cependant une
« certaine école qui la professe, qui la tolère, qui l'en-
« courage sous main (1). »

Ainsi le mal est reconnu, signalé de toutes parts ;
il appelle donc un remède. Sans doute on n'aurait pu
mieux faire que de pratiquer ici les préceptes de l'honorable
M. Kératry, mais son programme avait l'inconvénient de
ressembler un peu trop aux professions de foi de certains
candidats qui, en deux mots, veulent *la France libre au
dedans et respectée au dehors, une politique aussi ferme
qu'habile,* etc. Ces généralités, excellentes d'ailleurs dans
un discours ou une circulaire à effet, ne suffisent pas à
elles seules pour conduire à des résultats réels. Cherchons
donc par quelles voies plus précises, par quels moyens
plus pratiques on pourrait arriver sinon peut-être à l'entière répression, au moins à la grande atténuation du mal
signalé.

(1) Séance du 6 mai 1843.

Mais avant tout il importe de répondre à une objection qui peut être faite. On pourra se demander s'il serait bon, dans l'intérêt du pouvoir en général, de rompre ainsi ou du moins de relâcher beaucoup les liens qui rattachent à la politique ministérielle les députés qui la soutiennent non-seulement en raison de leurs sympathies et de leurs convictions personnelles, mais aussi un peu, il faut bien le dire, en vue des faveurs particulières qu'ils peuvent en attendre, sinon pour eux-mêmes, au moins pour leurs commettants. Ne perdez pas de vue, dira-t-on, les avantages qu'ont de leur côté les membres de l'opposition. A eux les théories brillantes, les mots retentissants de patrie, de liberté, d'honneur, toujours d'un effet si puissant sur la fibre nationale ; à eux la popularité, et, au moment des élections, le concours de la partie la plus active et la plus remuante du pays, et souvent en outre l'appui des hommes hostiles au principe même du gouvernement. Or, faudra-t-il qu'à tant d'éléments conjurés contre lui, l'homme dont les opinions sympathisent avec le ministère n'ait à opposer qu'une froide et sèche profession de foi? S'il en est réduit là, si au succès de sa candidature ne se rattachent pas, soit pour l'arrondissement, soit pour quelques électeurs influents, la reconnaissance des services passés et la perspective des services à venir, n'est-il pas à craindre qu'elle ne succombe le plus souvent ?

Cette considération, j'en conviens, ne manque pas en apparence de quelque gravité ; mais d'abord si l'on se demande d'où vient cette prévention fâcheuse attachée, au moins dans l'esprit d'un certain nombre de personnes, au candidat du gouvernement, ne reconnaîtra-t-on pas qu'elle est due en grande partie à toutes ces libéralités prodiguées

en son nom et dont on lui fait des titres près des électeurs ?
Naturellement on est porté à y voir la récompense de ses
votes, et on en conclut que pour tant de reconnaissance il
faut bien des services rendus ; que plus toutes ces faveurs
coûtent à la bourse du gouvernement, plus aussi les votes
ont dû coûter à la conscience du député ; et de là souvent
aux yeux d'un grand nombre d'électeurs l'avantage du
concurrent de l'opposition dont on ne manque pas d'exal-
ter le désintéressement. Que si, au contraire, le candidat
ministériel n'avait non plus rien obtenu de ses votes, on
pourrait bien aussi croire à son patriotisme et à sa vertu.

Mais ce n'est pas tout ; par les places et les faveurs dont il a
été l'intermédiaire, le candidat ministériel se sera fait, il
est vrai, des amis, de chauds partisans bien disposés à le ser-
vir ; mais à côté du solliciteur heureux et pourvu, il faut voir
aussi les compétiteurs éconduits, et, si l'on a droit de compter sur la reconnaissance de l'un, il faut s'attendre à la
vengeance des autres. Heureux encore le député, si son
obligé n'a pas bientôt oublié le service rendu, s'il ne s'est
pas fait dix ennemis pour un ingrat !

Et à la Chambre, n'en est-il pas de même ? Si les ministres gagnent quelques voix en accédant à certaines demandes, combien n'en perdront-ils pas en résistant à d'autres ? Et on sait qu'aujourd'hui surtout il n'est guère de
bancs ou de fractions de la Chambre où l'on ne croie pouvoir se permettre, sinon une démarche directe, au moins
l'apostille. Il n'en était pas de même sous la Restauration ;
alors il n'y avait à la Chambre que deux partis, et le député
de l'opposition était une sorte de paria avec lequel le solliciteur se gardait bien d'avoir rien de commun. Mais aujourd'hui où commence, où finit l'opposition ? C'est ce qu'il

est difficile de dire, tant les éléments en sont incertains et les nuances parfois insaisissables, à partir de cette fraction de la Chambre qui chevauche sur les limites peu définies du tiers-parti jusqu'aux bancs extrêmes de la gauche et de la droite où l'on peut enfin se reconnaître. Or, on conçoit tout ce que donnent de latitude aux séductions ministérielles tant d'esprits incertains, d'opinions flottantes. Ajoutons même qu'un ministre, jaloux surtout d'étendre ses conquêtes, se mettra peu en frais avec les siens, ceux qu'il a d'avance notés comme *bons*; mais vienne un *douteux* ou mieux encore un *mauvais*, un opposant déclaré qui, dans le désir de placer un ami, lui fera bien confidentiellement quelques avances; il n'y aura pas alors de sacrifice devant lequel recule le ministre, de victime qu'il ne soit disposé à immoler sur l'autel où le néophyte prononcera ses vœux. Imprudent ministre ! vous avez compté sur sa reconnaissance et avec quelque raison sans doute, car vous avez fait pour lui votre plus grosse injustice. Mais qui vous dit qu'au premier jour où vous aurez besoin de lui, vous ne le verrez pas s'envelopper plus que jamais dans sa vertu et s'écrier que toutes les places sont données à la faveur, à l'intrigue, au besoin de se faire à tout prix des créatures ? N'avez-vous donc pas vu encore de ces retours subits, de ces noires perfidies ? Ainsi ce mauvais choix qui vous a été imposé et pour lequel vous aurez soulevé les mécontentements du pays, il vous en restera, quoi ? la responsabilité dont le poids retombera sur vous, et, ce qu'il y a de plus fâcheux, sur le gouvernement que de tels actes déconsidèrent aux yeux des populations.

Et ces coalitions, qu'on voit tout à coup se former à la Chambre sans motifs politiques bien connus, n'en trouverait-on pas aussi la cause principale dans cet échange de faveurs et de votes entre ministres et députés? Quels que soient, en effet, les sacrifices que vous, ministres, aurez pu faire aux intérêts individuels d'une majorité, il est certain que chaque jour on vous en demandera de nouveaux. On vous dira : Ce n'est pas assez de donner, il faut donner assez... Mais le jour vient cependant où vous ne pouvez suffire à toutes les exigences, et alors qu'arrive-t-il? C'est que les ambitions auxquelles vous aurez résisté, se ralliant bientôt à d'autres chefs ; chercheront à s'en faire des ministres plus complaisants et plus dévoués. Ainsi vous sentirez votre pouvoir ébranlé, et, sans que votre politique ait changé, vous verrez changer la majorité ; et ceux-là mêmes pour lesquels vous vous serez le plus compromis seront ceux qui applaudiront le plus hautement à votre chute.

Concluons que ce n'est pas ainsi qu'un ministère parviendra à fonder une majorité durable ; qu'il n'est pas, au contraire, pour les majorités de dissolvant plus funeste que l'esprit d'intrigue et de corruption.

Il faut donc trouver un remède à cet état de choses ; c'est aux ministres, c'est à la Chambre d'y pourvoir.

Que pourraient faire les ministres? En 1830, M. le baron Louis, alors ministre des finances, avait pris contre les sollicitations parlementaires un parti vigoureux. Non-seulement il repoussait les demandes et recommandations qui lui étaient adressées directement par les députés, mais il était allé jusqu'à leur fermer l'entrée de ses bureaux, et cela dès les premiers temps qui suivirent la révolution de Juillet, alors que les places abondaient dans toutes les administrations, au plus fort de la curée. Certes, il fallait pour cela une fermeté rare, et dans l'état des choses, je veux dire avec des habitudes et des usages si contraires, on ne saurait attendre de nos ministres l'adoption d'une telle mesure. Mais, sans lui attacher un caractère aussi absolu, ne pourraient-ils circonscrire davantage les bureaux où il serait permis de pénétrer, et, par exemple, ne suffirait-il pas que les députés fussent admis au secrétariat de chaque ministère? Ce serait déjà un pas de fait. Les députés ne pourraient ou n'oseraient alors s'occuper de si petites affaires que celles dont ils vont entretenir les chefs de bureaux ou même de simples employés. Il y aurait à la fois dans cette mesure convenance et dignité, et, de plus, beaucoup de temps de gagné de part et d'autre.

Mais il serait un moyen d'une nature plus efficace, que la presse a signalé dans ces derniers temps. Il s'agirait d'une grande réforme à opérer dans le mode d'admission aux fonctions administratives abandonnées la plupart à l'arbitraire ministériel, et par suite au courtage électoral. On ne peut trop s'étonner qu'en France, où l'administration est si puissamment organisée quant à sa hiérarchie et à son mode d'action, on ne se soit pas occupé davantage de fixer, pour toutes les places de quelque importance qui en dépendent, certaines conditions de capacité sans lesquelles on ne pourrait y prétendre. Il est remarquable que, sous ce rapport, nos institutions soient moins avancées que celles, par exemple, de la plupart des États d'Allemagne, où, dans un ensemble de statuts sagement combinés, on a su faire concourir les garanties réclamées par la société et celles dues aux personnes, les unes fondées sur les conditions d'aptitude exigées de tous ceux qui se destinent aux fonctions administratives, et les autres résultant pour ceux-ci des règles relatives à leur avancement et à l'indépendance de leur position. Pourquoi donc, à l'exemple de ces peuples, n'aurions-nous pas aussi notre charte et nos écoles administratives? On sait qu'un ingénieux écrivain , M. Duveyrier, dans ses *Lettres politiques,* a traité cette question avec de certains développements et que déjà même elle a été abordée à la tribune par quelques orateurs, notamment dans la discussion de l'enquête électorale. Il est certain qu'une telle réforme aurait pour avantage, tout en assurant une meilleure organisation des services publics, de faire disparaître de nos mœurs politiques actuelles un des éléments les plus actifs de cette manie de sollicitations devenue si générale (1).

Mais ceci n'est pas l'œuvre d'un jour. En attendant, les ministres ne pourraient-ils, dès aujourd'hui , chacun dans ses attributions , préparer autant qu'il serait en eux cette réforme en n'ouvrant qu'à de certaines conditions tracées par des règlements spéciaux l'accès des emplois qui en sont encore affranchis? Ils ne feraient, en cela , que suivre l'exemple donné par M. Passy sous le ministère du 12 mai. On sait, en effet, que par une ordonnance du 30 octobre 1839, l'ancien ministre des finances fixa pour

(1) Dans un article assez récent du *Journal des Débats* sur la hiérarchie administrative en Prusse, article signé par M. Saint-Marc Girardin, on remarquait le passage suivant :

« En France l'apostille est le grand ressort de l'avancement. Veut-on placer un jeune homme dans l'administration ; veut-on faire avancer un employé, on recrute cinq ou six députés qui écrivent et parlent au ministre en faveur du candidat. On tâche surtout, parmi ces députés, d'avoir un membre de l'opposition, afin que le ministre fasse une attention particulière à la pétition. Le ministre se fait un peu prier, un peu presser, un peu menacer ; il cède enfin, et voilà un fonctionnaire public créé. Quant à savoir s'il est capable, s'il a quelques-unes des connaissances nécessaires aux fonctions qu'il va remplir, on s'en rapporte pour cela à ses patrons. Les pétitions servent de certificats de capacité. »

l'emploi de percepteur des conditions de surnumérariat ou de services administratifs, qui jusque là n'étaient aucunement exigées.

« Le classement hiérarchique des emplois et des person-
« nes, disait le ministre dans son rapport, est une néces-
« sité qui devient chaque jour plus évidente. Un ordre
« de choses qui n'impose au choix de sept mille compta-
« bles aucune condition préalable, qui ne régit point les
« mutations et ne règle point l'avancement proportion-
« nellement aux droits acquis, a des inconvénients
« graves. »

Or, il n'y eut partout que des éloges pour cette mesure. Un journal surtout, *la Presse*, y applaudit dans un article fort remarquable que nous reproduisons ici d'autant plus volontiers qu'on y trouvera signalés en termes énergiques les abus, objet de cet écrit :

« Non-seulement, disait *la Presse* (1) après avoir cité
« ces mêmes lignes rapportées plus haut, nous sommes de
« cet avis par les motifs que M. Passy fait valoir à l'ap-
« pui de son ordonnance, mais encore par d'autres, qu'un
« ministre ne pouvait énoncer dans un rapport officiel.
« Assurément il importe au bien de tout service public
« que les contribuables n'aient pas à payer l'apprentis-
« sage des employés, qu'il n'ait à rétribuer que des fonc-
« tions exercées avec la capacité et l'expérience qu'elles
« exigent ; assurément il importe qu'il ne soit donné d'em-
« plois salariés qu'à des personnes reconnues en état de
« les remplir, que l'équité et non la faveur préside à l'a-
« vancement, que le zèle de ceux qui se distinguent leur
« crée des droits dont il leur soit fidèlement tenu compte,

(1) Numéro du 6 novembre 1839.

« et qu'ils ne soient plus découragés par l'arbitraire qui
« trop souvent lui préférait l'intrigue; assurément tout cela
« est aussi essentiel qu'élémentaire ; mais ce qui n'importe
« pas moins à nos yeux, c'est d'affranchir les ministres
« de la tyrannie impitoyable qu'exercent sur eux un grand
« nombre de députés; et ceux-là ne sont pas, croyez-le bien,
« ceux qui affectent le moins de puritanisme, ceux qui
« attaquent les ministres le plus rarement et le moins ru-
« dement. C'est déjà un grave abus que la Chambre des
« députés gouverne, comme elle le fait, presqu'à l'exclu-
« sion de la royauté et de la Chambre des pairs ; mais c'en
« est un plus grave encore qu'elle administre et fasse por-
« ter à un cabinet la responsabilité des choix qui lui sont
« imposés ; car enfin, si elle gouverne, c'est au vu et au su
« du pays, et sous le contrôle de la presse périodique, tan-
« dis que lorsqu'elle administre, pourvoit à tous les em-
« plois vacants, s'empare des plus chétifs et des plus im-
« portants, fait nommer des percepteurs incapables, des
« préfets complaisants, des juges ignorants, ou tous autres
« fonctionnaires pour récompenser un vote passé ou s'as-
« surer un suffrage à venir, c'est dans l'ombre qu'elle
« opère. Alors le mal est incalculable, car il n'éveille pas
« l'attention; il n'est pas apparent ; il n'est pas extérieur,
« mais interne ; il n'est pas aigu, mais chronique ; ses pro-
« grès sont lents, mais continus ; tout se désorganise, se
« détend, se détraque ainsi sans qu'on s'en aperçoive. L'ac-
« tion de l'autorité s'affaiblit, et on en cherche ailleurs la
« cause. Le contribuable compare le traitement et le tra-
« vail de certains fonctionnaires, et s'indispose contre le
« gouvernement qu'il accuse, et qui n'est coupable cepen-
« dant que de ne savoir pas plus fermement résister aux

« importunités et aux exigences des députés qui, ensuite,
« vont attaquer dans les bureaux de la Chambre ce qu'ils
« sont d'abord allés solliciter dans les bureaux des ministè-
« res. Contre de telles importunités et de telles exigences,
« dont il faut avoir été témoin pour s'en faire une idée juste,
« les ministres n'ont qu'un seul moyen de se défendre lors-
« qu'ils ne sont pas doués d'une grande énergie de ca-
« ractère : c'est de créer entre les députés et eux de
« certaines barrières, c'est de se retrancher derrière des
« règlements inattaquables et fidèlement observés, c'est
« enfin de fortifier le pouvoir, en mettant à leur puissance
« des bornes plus étroites; peut-être serait-il plus juste de
« dire en donnant à leur faiblesse un abri... »

Ce que M. Passy a tenté avec succès, on ne voit pas
pourquoi d'autres ministres ne le feraient pas également
dans les différentes branches d'administration qui res-
sortent de leur département; à la condition, toutefois,
qu'ils exécuteraient ces règlements, qu'ils ne s'en feraient pas tout simplement un moyen d'écarter les demandes appuyées par certains députés qu'ils auraient peu
d'*intérêt* à satisfaire, afin de pouvoir mieux accueillir celles
que patronent de plus hautes influences. On sait qu'il en
est devant lesquelles peu de barrières ne s'abaissent.

Mais la Chambre, que peut-elle faire de son côté ? Il
est certain que des mesures générales pourraient seules
conduire à quelques résultats. C'est une noble initiative,
sans doute, que celle que vient de prendre à ce sujet M. de
Gasparin, et je crois me rappeler que déjà dans la dernière discussion de la loi des fonds secrets, à cette même
séance où M. de Tocqueville reprochait au ministère « d'a-
voir livré l'administration aux députés pour qu'ils livras-

sent le gouvernement, » M. de Vatry, qui comme M. de Gasparin, appartient au parti conservateur, dit à la tribune avoir adressé à ses électeurs une déclaration analogue à celle que vient de publier son collègue. Mais l'exemple donné par ces deux honorables membres aura-t-il beaucoup d'imitateurs? Il est permis d'en douter.

De plus, il me semble que leurs commettants pourraient leur dire avec quelque raison : « Combattez un usage, un abus déplorable sans doute, et poursuivez-en la réforme; nous applaudirons à vos efforts ; mais tant qu'il existera, n'est-il pas juste que chacun en recueille les avantages comme il peut en subir les inconvénients ? Or si, dans l'état actuel des choses, vous refusez d'appuyer nos demandes, alors même qu'elles vous paraissent justes, vous compromettez, non-seulement nos propres intérêts, mais encore ceux du pays lui-même, car alors le champ restant libre pour les autres, on verra plus souvent encore succomber les candidats les plus dignes, impuissants qu'ils seront à lutter seuls contre les influences parlementaires sur lesquelles s'appuieront leurs concurrents. »

Il serait donc à la fois plus convenable et plus sûr d'en revenir à la disposition proposée par M. Remilly ou à quelque autre équivalente, portant interdiction aux députés de s'occuper ainsi, sous forme de postulation, d'affaires individuelles. M. Remilly allait plus loin; il y comprenait même les intérêts de localité. Il faut convenir cependant que ceux-ci, par leur nature, répugnent moins au caractère du mandat donné au député; et encore est-il vrai de dire que, même en se renfermant dans cette limite, l'intervention des députés ne peut manquer de donner lieu à de graves abus, à de grandes inégalités; que trop souvent les secours et les faveurs accordés par les ministres à tel arrondissement, telle ville, tel canton, se mesureront beaucoup moins à leur importance et à leurs besoins réels qu'à l'influence des députés qui les représentent.

Quelle que dût être au surplus l'extension que la Chambre jugerait convenable de donner à la disposition dont il s'agit, on ne manquera pas d'objecter qu'en l'absence d'une sanction formelle elle resterait comme une lettre morte, sans exécution. Mais pourquoi donc ne pas augurer mieux de la Chambre? Pourquoi ne pas admettre que le sentiment de l'honneur et le respect dû à la foi jurée ne seraient pas moins puissants sur elle qu'une pénalité quelconque? Encore, s'il s'agissait de la dépouiller d'une prérogative dont elle fût bien jalouse! Mais interrogez les députés; tous vous diront qu'ils gémissent plus que personne de cet abus des sollicitations et qu'ils y appellent un remède de tous leurs vœux. Ainsi, lorsque dans le discours que nous avons cité plus haut, M. de Gasparin signalait les inconvénients de cet état de choses, M. Dupin l'interrompant jetait vivement ces mots : « Faites défendre par le règlement d'apostiller les pétitions, vous vous soulagerez singulièrement. » Et une foule de membres de s'écrier : *Appuyé! appuyé!* Or, ne serait-ce pas déjà un puissant remède au mal que cette défense écrite, que cette fin de non-recevoir dans laquelle les députés pourraient se retrancher à l'avenir contre d'importunes sollicitations. Dans les termes de la proposition de M. Remilly, cette interdiction eût été votée par une loi; mais on concevrait peu que la Chambre des pairs intervînt dans une disposition de ce genre, toute de discipline intérieure pour la Chambre des députés. Il serait donc plus convenable que celle-ci en fît un article de son règlement, ainsi que l'a dit au surplus son ancien et digne président, dont la compétence en cette matière ne sera pas contestée.

Cela fait, on ne pourrait se flatter sans doute d'avoir radicalement supprimé l'abus. Ainsi, à défaut de recommandations écrites, des membres peu scrupuleux observateurs du règlement pourraient se permettre des recommandations verbales. Mais d'abord on doit supposer qu'elles seraient rares, et, d'un autre côté, les ministres seraient beaucoup plus en position d'y résister; car eux aussi ne demanderaient pas mieux que d'être affranchis d'un joug qui leur pèse et leur pèsera chaque jour davantage, si l'on en juge à l'ardeur toujours croissante des exigences parlementaires. Dans tous les cas, le député délinquant et le ministre complice devraient tenir aussi secrète que possible cette violation du règlement, et ce serait au moins une gêne pour eux. Ajoutons qu'il en serait de même des députés dans leurs rapports avec leurs commettants. Combien de lettres et de visites de moins lorsqu'on n'oserait en avouer l'objet, lorsqu'en cas de contravention reconnue, tant de personnes seraient intéressées à la signaler et à en tirer parti. Et, quant aux démarches à faire dans les bureaux des ministères, croit-on que beaucoup de députés s'exposassent à s'entendre lire, par quelque chef ou employé de mauvaise humeur, l'article du règlement qui le constituerait en flagrant délit?

Mais, dans tous les cas, ne serait-ce pas déjà un grand pas de fait que la suppression absolue, la proscription de l'apostille, chose devenue au surplus à peu près insignifiante par l'abus qu'on en fait? Donnée au premier venu,

elle sera le prix de la course et du hasard ; donnée au mérite, ce qui est plus rare, elle pourra bien, par le fait
même du discrédit dans lequel elle est tombée, ne lui
être d'aucune utilité. Que les ministres demandent donc à
d'autres sources les renseignements et les témoignages
propres à éclairer leurs choix ; ils ont à cet égard toutes
les ressources possibles dans le personnel, soit de l'ordre
administratif, soit de l'ordre judiciaire, selon qu'il s'agit
d'une place dans l'administration ou dans la magistrature.
Si les règlements actuels concernant les présentations sont
insuffisants, on pourrait les revoir et les améliorer. Mais
quels que soient, encore une fois, les moyens d'arriver à
une réforme, il en faut une : tout le monde en reconnaît la
convenance et l'urgence.

Ainsi on rentrerait d'abord dans l'esprit de la Charte,
qui place exclusivement dans les attributions du pouvoir
exécutif la disposition de tous les emplois publics. Ainsi
les ministres ne se feraient plus, en accédant à certains
choix ou à certaines mesures administratives qui leur répugnent, un moyen de gouvernement de ce qui est, au
contraire, l'abdication du gouvernement. Ainsi leur
échapperait, il est vrai, un moyen de s'assurer quelques
voix de plus dans un moment critique ; mais d'abord,
serait-ce un pouvoir assis réellement sur le vœu national
que celui dont l'existence serait aussi précaire, et, s'il n'en
est pas ainsi, qu'importe, après tout, qu'il tombe un peu
plus tôt ou un peu plus tard ? Non, quoi qu'on en dise, il
n'est pas vrai qu'un ministère ne puisse avoir en France de
majorité possible et d'avenir qu'en se mettant à la merci
des mauvaises passions qui s'agitent à la Chambre et dans
le corps électoral. Le système des conquêtes individuelles

ne donnera jamais que des majorités d'expédient, aussi faciles à dissoudre qu'elles auront été pénibles à former. Quoi de plus mobile, en effet, que les intérêts personnels, et quelle arme plus facile à retourner, contre celui qui s'en sert, que la corruption! Tel député que des promesses attirent aujourd'hui vers le ministère, s'il le voit ébranlé demain, et que d'autres avances lui soient faites, croyez-vous qu'il restera fidèle à sa fortune? Le moment et le prétexte à saisir pour passer à l'opposition, voilà tout ce qui le préoccupe et l'embarrasse; vous le verrez au premier jour, planète rebelle, déserter avec éclat le cortége de l'astre à son déclin, pour se jeter dans l'orbite radieux de celui qu'il voit poindre à l'horizon. En d'autres termes, il va ressaisir sa popularité perdue, en même temps qu'il s'assurera la faveur du pouvoir nouveau; ce qui est le sublime de l'art, le chef-d'œuvre de la stratégie parlementaire. Et ainsi se renouvellent les luttes et se succèdent les cabinets au grand détriment des affaires du pays. Que si, au contraire, on parvenait à épurer la représentation nationale en la dégageant, autant du moins que le permet l'humaine imperfection, de toutes préoccupations étrangères à la chose publique; de ce jour on verrait se lever des majorités puissamment organisées, parce qu'elles auraient pour base, non le concours d'intérêts passagers, mais l'accord plus durable des principes et des vues. Ainsi un ministère réunirait enfin les seuls gages réels de stabilité, la force et l'indépendance; et quand, par suite d'incidents nouveaux et de quelque crise politique, il viendrait à être renversé, ce serait pour ses doctrines, au grand jour de la tribune, et non miné par de sourdes intrigues, ou exécuté dans l'ombre par des vengeances individuelles.

Ainsi on réhabiliterait dans l'opinion le pouvoir aujourd'hui si décrié ; ainsi on rendrait en même temps à notre régime représentatif sa sincérité, sa moralité, les colléges électoraux n'étant plus ce qu'on les accuse d'être aujourd'hui, « des arènes où les égoïsmes sont aux prises, où les questions nationales, les opinions politiques osent à peine se montrer (1). »

Mais, à côté de ces grands avantages, n'en serait-ce pas un, non moins incontestable, de rendre aux députés la disposition d'un temps précieux qu'ils passent aujourd'hui tantôt à rédiger des apostilles, dont il faut bien encore varier les formules, tantôt à faire de longues excursions dans les bureaux des ministères, et, enfin, à correspondre avec tous les pétitionnaires du pays ? Ainsi libre de tous soins étrangers à sa mission, au caractère sacré de son mandat, le député pourrait se livrer en paix à l'étude, à la méditation des lois ; il n'aurait pas surtout à résoudre ce problème : « Voter librement et solliciter toujours. »

On se plaint aussi sans cesse, et avec raison, que les sessions sont trop longues ; à quoi cela tient-il ? En grande partie sans doute à la mauvaise distribution des travaux, à beaucoup de temps passé dans d'irritantes et stériles discussions, mais beaucoup aussi, sans contredit, aux absences causées par toutes ces digressions, ces courses extra-parlementaires qui se trouveraient ainsi supprimées. Dès lors les membres des commissions seraient plus exacts à leurs réunions, les rapporteurs plus tôt prêts ; et, enfin, la Chambre pourrait commencer plus tôt ses séances et les finir plus tard, sans avoir pour cela à recommencer le lendemain le scrutin nul de la veille.

(1) Circulaire de M. de Gasparin.

Mais il n'y aurait pas seulement là une grande réforme parlementaire, je voudrais y montrer aussi une véritable réforme électorale.

Ainsi, parmi les questions agitées le plus souvent à ce sujet, figure notamment celle de la translation des colléges électoraux au chef-lieu du département. Il semble qu'en effet, ce mode d'élection aurait pour résultat de soustraire les députés à un contact trop immédiat avec les électeurs, d'empêcher que ceux-ci ne soient liés, inféodés à ceux-là, par les services rendus et par ceux qu'ils peuvent en attendre encore. Prenez garde cependant qu'en faisant nommer le député par un plus grand nombre d'électeurs, vous ne lui ôtez pas ceux de l'arrondissement par lequel il sera principalement porté, et que vous lui en donnez d'autres, que, dans l'intérêt de son avenir politique, il s'efforcera de se rattacher par des relations non moins étroites; qu'ainsi, loin de disparaître, les inconvénients de ce patronage que vous redoutez ne feraient plutôt que s'aggraver ; qu'en un mot la corruption en serait quitte pour s'organiser sur une plus vaste échelle, et étendre plus loin ses réseaux.

La réunion des électeurs au chef-lieu est d'ailleurs, parmi les réformes proposées, la moins mûrie encore. En l'étudiant, peut-être se convaincrait-on qu'elle serait loin de réaliser les avantages qu'on semble s'en promettre.

La loi du 5 février 1817, qui avait introduit ce système, fut sans doute, à l'époque où elle parut, un grand bienfait. Mais il importerait aujourd'hui de tenir compte de la différence des temps et des circonstances, c'est-à-dire des changements survenus depuis : changements dans le nombre et dans la classe des électeurs, changements dans le nombre des députés et des éligibles (1), changements non moins importants dans l'esprit public et dans nos mœurs électorales. Mais je n'ose aborder ici ces graves questions qui, d'ailleurs, ne se lient pas essentiellement à l'objet de cet écrit.

On a parlé aussi de supprimer le cens d'éligibilité, et, pour complément de cette mesure, de donner une indemnité aux députés.

Qu'il me soit permis d'émettre aussi en passant quelques observations à ce sujet :

On dit, et avec raison, que les fonctions de député ont perdu et tendent à perdre chaque jour davantage de la considération qui y était attachée ; serait-ce un moyen de les relever dans l'opinion que de les salarier ?

On se plaint que des liens de dépendance trop étroits existent entre les députés et les électeurs ; le salaire donné au député le rendrait-il moins esclave de ses commettants ?

Autre considération : L'indemnité votée resterait toujours, n'en doutons pas, frappée d'une certaine défaveur ; d'où la conséquence qu'elle serait infailliblement répudiée par un certain nombre de députés ; ce qui, en abaissant encore la position des autres, diviserait la Chambre en deux classes : les députés salariés et ceux qui ne le seraient pas, ou qui, tout en acceptant l'indemnité, la consacreraient notoirement à des libéralités publiques et s'en feraient encore de cette manière un moyen d'influences électorales.

En attendant ces réformes qu'au surplus nous ne voyons apparaître encore que dans un avenir assez lointain, on a

(1) On sait que, sous le régime de la loi de 1817, le nombre des députés n'était que de 250, tandis qu'il est aujourd'hui de 459.

proposé, dans le même but, des mesures moins radicales.
Ainsi on a demandé, et tel était l'objet de la proposition
Remilly plus ou moins modifiée par d'autres postérieures,
que le député ne pût être nommé à des fonctions publiques ou recevoir aucun avancement pendant la durée de
son mandat. Mais cette mesure, tout en prononçant une
exclusion injuste et souvent fâcheuse dans l'intérêt des
services publics, serait de plus, à la considérer au point
de vue de la moralité qu'on penserait y avoir attachée,
à peu près insignifiante.

Et d'abord, s'il est une vérité incontestable, c'est qu'un
des premiers bienfaits du régime représentatif est précisément de mettre en lumière tous les talents et toutes les
ressources du pays. Pourquoi donc les frapper ensuite
d'interdiction ? Pourquoi ne pas vouloir que la confiance
du gouvernement se porte à son tour sur ceux que lui a
signalés la confiance du pays ? Il y aurait en cela une
étrange inconséquence. Et si ces hommes, au moment de
leur élection, étaient déjà revêtus de fonctions publiques,
on ne voit pas davantage pourquoi ils seraient privés de
l'avancement auquel ils auraient droit par leurs services.
Ne serait-il pas même à craindre que ceux qu'on écarte-
rait ainsi de la Chambre ne fussent précisément les plus
dignes magistrats et les administrateurs les plus habiles,
qui ne voudraient pas joindre encore aux chances de la
députation cette nouvelle sorte d'ostracisme dont ils se
trouveraient frappés ? « Les lois d'exclusion, a dit avec
« raison M. de Lamartine, déciment les hommes capa-
« bles, consolent les médiocrités et ruinent un pays. »

Des candidats se présenteraient sans doute en apparence plus désintéressés, mais qui une fois nommés de-

manderaient pour d'autres les faveurs auxquelles ils ne pourraient prétendre pour eux-mêmes. Et d'ailleurs n'arrivera-t-il pas souvent qu'un député déjà pourvu de fonctions alors surtout qu'il sera parvenu à un certain âge, sera moins flatté d'obtenir pour lui-même une promotion qu'une place pour son fils ou pour son gendre ?

Ce n'est pas tout : on sait que les emplois publics ne sont pas les seuls éléments de séduction dont le pouvoir peut user, qu'il a de plus à sa disposition mille autres faveurs, et, pour exemple, les concessions de travaux, de fournitures, etc. Il ne serait donc pas moins juste, sous peine d'inconséquence, d'atteindre aussi ce genre de corruption dont la presse a maintes fois signalé des exemples (1). Sous ce rapport la proposition Remilly serait donc encore incomplète. Il est remarquable au surplus que mise plusieurs fois en discussion dans ces dernières années, loin de gagner du terrain, elle en a perdu ; que notamment à la session dernière elle n'a pas même été prise en considération; et cela bien que les élections générales aient paru ajouter plutôt aux forces de l'opposition qu'à celles du parti conservateur.

Ce n'est donc pas là encore qu'il faut chercher une réforme parlementaire. Serait-ce davantage dans les incompatibilités ? Mais, réduite à des termes raisonnables, cette proposition ne serait pas non plus de nature à influer d'une manière notable sur la composition de la Chambre. Il ne s'agirait plus en effet, comme on l'avait d'abord demandé, de l'exclusion en masse des fonction-

(1) On se rappelle que M. de Mosbourg, nommé depuis pair de France, avait, il y a quelques années, présenté à ce sujet une proposition à la Chambre des députés.

naires publics, mais seulement de ceux que des liens de dépendance trop étroits enchaînent à la politique ministérielle et qui ne peuvent s'en séparer, au moins dans certaines questions, sans qu'il y ait perturbation dans les règles de la hiérarchie administrative, et par suite atteinte grave portée à la dignité comme à la force du pouvoir exécutif. Mais ce ne serait là dans tous les cas qu'un bien faible palliatif apporté au mal.

Aucune de ces mesures ne vaudrait donc, il nous semble, un simple article ajouté au règlement de la Chambre : la défense que s'imposerait chaque député, non sous la sanction d'une pénalité quelconque, mais, ce qui vaut mieux, sous la foi due à un engagement d'honneur, de n'intervenir en quoi que ce soit dans les questions d'intérêts individuels soumises au pouvoir exécutif. Ainsi on rendrait à la fois les députés plus indépendants des ministres, et les ministres des députés. Le plus souvent même les uns et les autres y gagneraient en force et en considération, car toutes les fois que les députés nommés dans de telles conditions seraient disposés à appuyer la politique du gouvernement, ils le feraient avec d'autant plus d'autorité que leurs candidatures seraient restées pures de tout moyen d'influence étranger à leur caractère et à leurs opinions.

Que s'il arrivait cependant que ces députés, une fois à la Chambre, fussent tentés d'exploiter dans leur propre intérêt la faveur ministérielle, ils auraient d'abord pour les retenir le frein de la réélection, épreuve désormais sérieuse, dans l'impuissance où ils seraient de faire valoir comme aujourd'hui, près des électeurs, le crédit même que leur donnerait le nouveau poste auquel ils seraient élevés.

Enfin ils auraient de plus à redouter la publicité, qui n'atteint pas aussi bien le député dans les faveurs qu'il obtient pour les autres. Ainsi que le disait en effet le *Journal des Débats*, au sujet de la proposition Remilly :
« Qui ne voit qu'il vaut mieux avoir un député fonction-
« naire que d'avoir un député solliciteur peut-être désin-
« téressé des ambitions provinciales ? Les emplois que le
« député obtient ont au moins cela de bon, c'est que ce
« sont des emplois publics. L'emploi de courtier de places
« a l'immense inconvénient d'ouvrir à la cupidité l'issue
« qui lui convient le mieux, une issue clandestine. Le
« député qui se fait nommer offre au moins son nom et sa
« personne en gage à l'opinion publique; le député qui
« sollicite et qui obtient échappe à toute responsabilité.
« Vous n'excluez donc pas la corruption, vous l'aggravez,
« car vous lui ôtez le frein le plus puissant pour la retenir,
« la publicité (1). »

La corruption ! Tel est le mot que depuis quelques années on entend retentir de toutes parts. Il serait temps cependant, sous un régime de vérité, de secouer de malheureuses traditions gouvernementales et d'asseoir enfin un système politique sur des bases à la fois plus larges et plus nobles.

Dans les derniers temps de la Restauration on disait que la démocratie coulait à pleins bords; laisserons-nous dire aujourd'hui que c'est la corruption ? Serait-ce donc là, selon l'expression si énergique de M. de Lamartine, le nouveau *despotisme* devant lequel nous n'aurions plus qu'à courber la tête? Serait-ce enfin pour nous le dernier mot du gouvernement représentatif? Oui, il existe mal-

____

(1) *Journal des Débats* du 3 avril 1840.

heureusement une certaine école de gouvernement où l'on traite de niaiserie et comme appartenant à un autre siècle que le nôtre tout ce qu'il y a encore parmi les hommes de dévouement, de désintéressement, où l'on pense en un mot que tout doit céder à la convoitise, à l'entraînement des intérêts matériels; et il est trop vrai de dire que cette école, ces doctrines, s'il est permis de les honorer de ce nom, font chaque jour dans le pays de déplorables progrès. Ne voit-on pas cependant que le jour où des promesses de places et d'argent suffiraient pour étouffer tous les scrupules, faire taire toutes les répugnances, c'en serait bientôt fait de nos institutions? Nous pourions sans doute en conserver encore quelque temps les apparences, les formes; mais nous aurions perdu ce qui en fait la force, les nobles instincts, les sentiments généreux; et le jour où surgiraient de nouveaux périls, c'en serait fait aussi du gouvernement.

Montesquieu a dit, en parlant de l'Angleterre, seul peuple qui de son temps jouît du gouvernement représentatif : « Comme toutes les choses humaines ont une fin, « l'état dont nous parlons perdra sa liberté, il périra. « Rome, Lacédémone et Carthage ont bien péri. Il périra « lorsque la puissance législative sera plus corrompue que « l'exécutrice. »

Ne permettons pas qu'en France, où le gouvernement issu de notre belle révolution de Juillet peut s'appuyer sur tant d'éléments de grandeur et de puissance, se réalise jamais la prédiction du grand publiciste.

———

www.ingramcontent.com/pod-product-compliance
Lightning Source LLC
Chambersburg PA
CBHW061337050726
47595CB00005B/1968